Sallingelunde Mølle

Til minde om Ellen Hannibal

Michael Christensen

Sallingelunde Mølle

En fynsk vandmølles historie

Forsidefoto: Geert Mørk

Forlag: Books on Demand GmbH, København, Danmark
Tryk: Books on Demand GmbH, Norderstedt, Tyskland

ISBN: 978-87-7145-689-9

INDHOLD

FORORD

En kilometer nordøst for landsbyen Sallinge, midtvejs mellem Faaborg og Odense, ligger Sallingelunde vandmølle. Møllen ligger ved en indsnævring af Sallinge ådal, hvorved det ved en dæmning har været muligt at opstemme vandet fra Sallinge å. Møllen ligger i et meget smukt engområde med Sallinge åsens 30 meter høje skovbevoksede skrænter mod nord. Den del af ådalen som tilhører møllen strækker sig omkring en kilometer mod nordøst. Åen snor sig gennem dalen og sikrer med sin vandgennemstrømning, at engarealernes særprægede natur opretholdes. Der er til møllen en jordtilliggende på 7,2 hektar samt et moselod i det nærliggende Hillerslev på 1 hektar. Engarealerne udgør 2/3 af jorden mens resten er udlagt som agerjord.

Møllens mere end 600-årige historie er nøje sammenfaldende med landbrugets historie som helhed. De kaotiske politiske og økonomiske forhold i 1600-tallet satte også deres spor på midtfyn, hvor møllen, som så mange andre, lå øde hen. Dansk landbrugs største højkonjunktur nogensinde, "kornsalgsperioden" fra omtrent 1830 til 1870, dannede grundlaget for det moderne landbrug og skabte den velstand, som muliggjorde møllens udbygning i 1851-52. Den økonomiske depression i 1930'erne ramte hårdt. Ved årtiets udgang var møllegården stærkt forfalden pga. manglende basal vedligeholdelse. Der var da også en del af bygningerne, der ikke stod at redde, bl.a. en del af staldbygningerne og det smukke og specielle bryggerhus hvor bageovnen var indbygget. I første halvdel af 1950'erne var det endegyldigt slut. Den tekniske udvikling i landbruget gjorde med et slag vandmølledriften i Danmark overflødig og satte punktum for møllernes århundredgamle rolle som sociale og økonomiske knudepunkter.

I Danmark står ganske få møllebygninger og kun enkelte intakte møller tilbage. Der er på Sallingelunde Møllegård gået en række bygninger tabt i løbet af de sidste 50 år, men det er lykkedes for ejerne at bevare de væsentlige bygninger uændret frem til i dag. Disse bygningerne er nu fredet og dermed, så godt som det lader sig gøre, sikret for eftertiden.

I forbindelse med fredningen opstod også forfatterens interesse for at forske i møllens historie og resultatet blev denne bog. Under arbejdet med at finde kilder har jeg nydt godt af velvillighed på Ringe lokalhistoriske arkiv og i særlig grad Jens Pilegaards håndskrevne og aldrig publicerede beretning om bygninger i Sallinge Herred. Store dele af bogen er baseret på hans arbejde.

Møllens nyere historie og arbejdet omkring fredning og restaureringsarbejde er skildret i samarbejde med Birthe og Jørn Christensen.

Jeg takker Ole Monrad Møller for gennemgang af teksten og Sanne Mejdahl for korrekturlæsningen.

At en fredning kunne komme på tale er især den forrige ejers, fru Ellen Hannibals, fortjeneste. Hun værnede med flid og autoritet om stedet gennem mere end 40 år. Derfor er denne publikation tilegnet fru Ellen Hannibal for den indsats hun har ydet for bevaringen af Sallingelunde Mølle.

KRONGODS, 1424-1661

I en gammel fortegnelse over Maribo Klosters breve fra 1624 findes nævnt blandt klostrets pergamentbreve fra 1424 et tingsvidne om Lunde Mølle. Det er Sallingelunde Mølle, der her omtales for første gang. Der har givetvis været mølledrift på stedet længe før 1400-tallet. De ældste danske vandmølleanlæg kan dateres til før år 1100, og i forskellige kilder antydes det, at den oprindelige Lunde Mølle kan være et af disse helt tidlige anlæg, men sikkert belæg for dette har ikke været at finde. Fra 1424 havde Maribo Kloster en vidiser, en genpart, af et tingsvidne om Lunde Mølle, et skødebrev på en ager til Lunde Mølle og fra 1496 et tingsvidne om en skov til Lunde Mølle. Af disse breve syntes det uomtvisteligt at fremgå, at klostret på denne tid ligesom senere ejede møllen.

De næste efterretninger om Salllingelunde Mølle kommer ikke før 100 år senere. I Jacob Madsens visitatorbog nævnes det ved året 1591, hvor mange møller der findes i Hillerslev sogn. Der er tre: Lunde

Mølle med en kværn, Gelskoffs mølle med en kværn og Ebbis Mølle med to kværne. Møllernes drift er baseret på samme vandløb, idet de, som det hedder:

løber alle af Bolting Aa

Fra 1611 og i de følgende år er der ikke mere nogen avl til møllen. Hans Møller bebor den til 1619, fra 1619 til 1643 Rasmus Møller der heller ikke har avl, og 8. november 1636 udstedes der tingsvidne om at

Sallingelunde Mølle er avlægs og ubrugelig over Aar og Dag, så kongelig Majestæt ikke kan faa nogen skat deraf.

og i bemærkningen hedder det at:

Sallingelunde Mølle, som er uden Avl, er øde efter medfølgende Tingsvidners Bemelding.

Fra 1637 har den i mandtallene kun bemærkningen
er øde, regnes ikke.

I Maribo Klosters jordebog 1619-20 findes blandt klostrets fynske gods i Sallinge herred en gård i Lunde, som bebos af Peter Nielsen og skylder i landgilde 3 tønder byg og 1 tønde smør, og Lunde Mølle, som bebos af Rasmus Møller. Lunde Mølle skylder 15 pund mel.

I 1620 blev det besluttet at ophæve Maribo Kloster. Ophævelsen fandt sted i foråret 1621, og i 1623 blev dets gods overdraget til Sorø ridderlige eller adelige Akademi, der nu blev oprettet. Klostergodset var dog ikke helt ubehæftet ved overdragelsen til akademiet. De endnu levende klosterjomfruer måtte forsørges deres livstid ud. Derfor tillagdes det fynske gods de tre jomfruer Lisbet Skinkel, Sophie Lindenov og Birte Skinkel, og en del af det jyske gods tillagdes Sara Hedenstrup og Anna Basse. Lisbeth Skinkel døde dog snart, og hendes part af det fynske gods blev derefter frit i 1625. Af kilderne fremgår det, at Sophie Lindenov i 1636 "havde forandret sig", dvs. var blevet gift. Om dem begge og om Lunde Mølle hedder det i Akademiets regnskab 1635/36:

Engdraget med Lunde Mølle i Fyn, som er ganske øde, og 8 Aars Tid aldeles ingen Landgilde deraf er udgivet, som skylder aarligen 15 Pund Mel fynsk Mal, er 37 1/2 Tønder, som er til fuld Indtægt i Jordebogen Summe. Kortes deraf først i otte Aar den tredie Part for Jomfru Lisbet Skinkel, som igen er falden til Akademiet efter hendes Død, aarligen 12 1/2 Tønder Mel. I lige Maade paa to Aars Tid Jomfru Sophie Lindenovs Part, formedelst hun havde forandret sig.

Afkortningen af de to tredjedele af landgilden af møllen grunder sig på et tingsvidne, som Laurits Nielsen i Odense fik udstedt på Sallinge Herredsting 3.februar 1635, hvori vidnerne forklarer

at det var dem fuldt vitterligt, at Lunde Mølle er meget aflægs baade udi Møllehus, Kværne, Slusen, Hjul og Stokværk, saa Mølleren ikke kan tjene sit Landgilde dermed.

Hvem Laurits Møller i Odense er, og hvad han kan

have haft med møllen at gøre, vides ikke. Fra 1637 fik fru Sara Hedenstrup indtægterne af en tredjedel af alt det fynske gods og således af møllen og gården i Sallingelunde, som det fremgår af følgende bemærkning i Maribo klosters lensregnskaber:

Givet til Genant. Er forlenet til ærlig og velbyrdig Jomfru Sara Hedenstrup hendes Livs Tid den 3. Part af alt det fynske Gods i stedet for hvis Gods, som hun nådigst var forlenet udi Jylland.

En lignende bemærkning findes i de følgende regnskaber til 1651/52.

1636 blev melafgiften afkortet og i 1651/52 hele landgilden. 15 pund mel blev sat til 30 rigsdaler, og smørret til 4 rigsdaler. Af Lunde mølledam og grund blev der svaret en afgift for årene 1644 og 1646 der for begge år tilsammen opgives til 16 rigsdaler og 1 mark med den tilføjelse at

sådan Indtægt var ikke forgangen Aaringer.

Ved denne tid blev møllen på ny opbygget og sat i

stand, som det ses af følgende bemærkning i et bilag til regnskabet 1651/52:

Lunde Mølle. Hiin Møller, står i Aar Møllen endnu udi Bygning, som Mølleren selv til dels haver bekostet, og endnu intet kan male.

Næste regnskabsår, 1652/53, får møllen afkortet 23 ørting (ca. 29 tønder) mel og

resten er forlenet jomfru Sara Hedenstrup hendes Livs Tid som udi Regnskaberne aarligen føres til omdrag.

Sara Hedenstrup døde omkring 1554, eftersom hendes tredjedel ifølge regnskaberne igen tilfaldt Sorø Akademi. Det har formodentlig været en besværlig og dyr affære for akademiet at forvalte de fjerne besiddelser. Indtægterne var, sammenlignet med gennemsnittet af den tids vandmøller, beskedent.

ADELSGODS, 1661-1766

Møllen blev adelsgods i 1661, da akademiet skilte sig af med dets fynske besiddelser, der formodentlig har været for besværlige at administrere og lidet rentable. I de godt 100 år, hvor møllen ejes af den lokale adel opstår flere stridigheder med fæsterne. Den første fæster, Heiden Dideriksen, har efter kilderne at dømme været en fantastisk stridbar person, der gennem et langt liv formåede at lægge sig ud med både adel, konge og kirke. Det forekommer en gåde, hvordan han formåede at bevare hovedet på skuldrene.

Heiden Dideriksen havde fæstet møllen i 1650. Han var allerede da en gammel mand, født i 1570'erne eller 1580'erne, og skal efter eget udsagn stamme fra Tyskland. Efter navnet at dømme er det sandsynligt.

jeg fattige, fremmede tyske mand, som har boet her i Danmark i 40 Aar...

skrev han i 1664 i et bønskrift til kongen.

Allerede i 1620'erne træffes han i Birkende sogn, hvor

han 1629 stævnede landsdommeren for en dom, denne havde afsagt over ham på Fynbo landsting 1624 angående nogen naboers kreaturer, som var gået ind på hans mark, og som han havde drevet tilbage på naboernes, hvor de havde gjort skader i kornet. Her vandt han sagen. Men så heldig var han ikke, da en af hans tidligere tjenestepiger i 1629 udlagde ham som fader til hendes barn. Trods hans benægtelse med ed gik dommen ham imod både ved herredsting og landsting, og ved ryttertinget dømtes han 1630 til, at han enten skulle værge sig efter loven eller bøde efter recessen. Da han undlod at opfylde dommens bestemmelser, satte hans sognepræst ham omsider i band søndagen før allehelgensdag 1630, hvorved han blev udstødt af menigheden. Han stævnede imidlertid præsten for provsteretten, og da dommen her gik ham imod, stævnede han provsteretten for Odense konsistorium, der spurgte ham, om han enten ville bekende at være barnefader og tage afløsning eller værge sig efter loven. Da han hverken ville gøre det ene eller det andet, stadfæstede konsistoriet provsteretsdommen 5.oktober 1631. Denne stadfæstelse indstævnede han for ryttertinget 14.oktober 1631 og begærede ydmygeligen at måtte stedes til sakrementet. Her faldt dog ingen dom. Måske har Heiden Møller bekendt sin forseelse eller ført et overbevisende forsvar, for den 14.juli 1632 har biskoppen skrevet i sin dagbog, at han har skrevet til sognepræsten i Marslev, hvortil Birkende var anneks, at Heiden Møller skulle løses af bandet, og 1.august har biskoppen på møllerens anmodning leveret et brev tilbage, hvori sidstnævnte vel har gjort de nødvendige indrømmelser.

1649 er Heiden Dideriksen i Holte Mølle. Her stævnede han en landsdom fra 1647, der gik ham imod, da han havde sigtet en Anne Hansdatter i Havndrup for trolddom uden nøjagtig at kunne bevise det. Anne Hansdatter skulle engang, da de var alene sammen, have tilsagt ham, at der skulle vederfares ham skader i hans lår,

hvorefter han med usædvanlig svaghed er bleven behæftet.

Trods hans påståede svaghed blev landstingsdommen stadfæstet og Heiden Møller måtte for retten erklære, at

han med Anne Hansdatter intet vidste, uden det som ærligt er.

Da Heiden Møller overtog Sallingelunde mølle, havde den stået øde i en snes år. Ingen ville fæste den pga. dens høje skyld. For at få en fæster til at overtage den, måtte afgiften nedsættes, og dette for øje blev møllen 1649 synet og takseret. Der blev givet overslag over, hvad det ville koste at opbygge den, og hvor meget dens landgilde med rimelighed burde sættes til, og derpå blev den i 1650 bortfæstet til Heiden Møller. Siden har akademiets hofmester indberettet til kongen, at der af møllen svaredes 10 kurant daler og 1 fjerding smør. Samtidig tilføjes det, at møllen

være ganske Øde for stedets ubelejlighed og have ringe søgning.

Kongen gav da i 1653 befaling til på ny at vurdere,

hvad den kunne svare i landgilde og hvor meget den kunne sælges for. Akademiet ønskede at komme af med det fynske gods, deriblandt møllen og den ene gård i Sallingelunde. Den anden gård var i 1581 blevet solgt til Ebbe Munk fra Fjellebro, der dengang ville have haft begge gårde og møllen, men handelen kom ikke i stand ved den lejlighed. En anden adelig fra Fjellebro, Sten Brahe, fik nu, på hofmesterens anbefaling, kongens tilladelse til at købe møllen efter det sidste afslag i dens landgilde, da den ikke kunne tåle højere afgift end den nu stod for. Efter dette salg, som fandt sted i 1661, begyndte langvarige stridigheder med Heiden Møller, der mente at have større fordel af at være akademiets, og dermed kongens, fæster end at være under Fjellebro.

Nogen tid efter salget afholdtes der igen syn på møllen. Stuehuset var på 8 fag og havde stået lang tid før Heiden Møller kom dertil. Det trængte til nye fodstykker og manglede langhalm. Møllehuset på 5 fag, som var indbygget til stuelængen og havde 1 kværn, var i nogenlunde stand. Selv foregav Heiden Møller, at han havde bygget møllen op fra grunden i årene 1651-

52 og dertil anvendt 400 rigsdaler, uden at være blevet hjulpet med andet end lidt træ, samt at have opført en mølledæmning, hvortil gik 4-5000 læs jord. Det forholdt sig imidlertid anderledes. For det første havde han fået langt større hjælp, for det andet havde bygningerne stået der før hans tid. Han havde blot repareret dem uden de store udgifter. Skødet på møllen og følgesedlen var på kongens vegne underskrevet af hofmesteren på Sorø, Jørgen Rosenkrantz, men da Heiden Møller ikke ville godkende Sten Brahe som sin husbond og nægtede at svare ham den landgilde, der var forfaldet til 1. maj 1662, før han så kongens følgebrev, blev han ved Herredstinget 24. maj 1662 dømt til straks at forlade møllen og svare den forfaldne landgilde. Ligeledes nægtede han at indbetale skat til Sten Brahe og måtte vedgå at have fældet 4 bøgetræer og 4 egetræer på en vis Laurits Olsens grund i Sallingelunde. Herredstingsdommen blev stadfæstet først af landstinget 20. august 1662 og derpå af højesteret 11. juni 1663. I et bønskrift til kongen havde Heiden Møller bedt om, at hans hustru og børn måtte beholde møllen resten af deres levetid, mod at betale

den afgift der oprindelig var fastsat i hans fæstebrev. Da højesteretsdommen 9.november 1663 blev oplæst for ham i hans eget hus i herredsfogedens og flere vidners nærværelse, svarede han at

han ikke agtede samme Dom, thi hans Majestaet vidste intet af den at sige, Aarsagen hans Majestaet sad intet Retten den Dag, og sådanne domme kunne hvem som helst bekomme. Og i det samme gik han frem til Skiven, som Dommen lå på, og tog Dommen i sin haand og slog paa Seglet med sin Haand, som sad for samme Dom og sagde, dette Segl er intet Kongens Segl, mens det er et falsk Segl, og sagde derhos, han vilde intet svare Sten Brahe, førend han saa hans Majestæts Brev, og hans kongelige Majestæt selv skrev hannem til derom. Og i det samme stak han sin Haand i sin Lomme, og tog op en stor Lærreds Pengepose med en del Penge udi og sagde, omendskønt saa skulde være, jeg Sten Brahe skulde tjene, da er her Penge, som jeg kunde betale hannem med. Og da han ovenbemeldte Ord havde talt, blev hannem foreholdt, han skulde betænke sig og vide, hvad han sagde. Da svarede han, at hvis han havde sagt, det vilde han gestandig være og staa hos og intet vilde svare Sten Brahe, førend han saa hans kongelige Majestaets eget Brev. Thi førend han enten skulde svare Sten eller efterkomme den Dom, som for hannem er laest, da skulde han før lade sig tage og sætte paa det blaa Taarn i Kiøbenhawn og lade Rotter og Mus sig fortære, og agtede ingen, førend han fik hans Majestæts eget Brev. Og dersom saadanne Domme skulde have gænge, da stjal de Kongens Gods og Ejendom det bedste bort.

21. marts 1664 fik Henrik Lindenov til Oregård kongelig befaling om at beordre Heiden Møller at efterkomme højesteretsdommen, og 7. april fik provinsfiskalen for Fyn ordre til at tiltale ham

for hans utilbørlige Ord han inden Tinge os og vores Højesteret til Forhaanelse skal have ladet falde.

Hen på sommeren indstævnede Heiden Møller Sten Brahe til herredstinget og fremlagde et bønskrift til kongen, hvori han beklagede sig over, hvorledes han fattige, fremmede tyske Mand var blevet forfulgt af Sten Brahe, der nu endelig forleden 16. maj ikke alene havde ladet ham hans fattige, ringe formue fravurdere for 67 sletdaler 1 mark, men endogså udkastet ham med hustru og børn af møllen, efter at han havde sat al sin formue, over 400 rigsdaler, til på dens forbedring i den tro at måtte nyde den for tilbørlig landgilde. Han beder kongen om, at han sin livstid må beholde møllen, som han har forbedret i den forhåbning altid at skulle svare kongen sin landgilde, eller også at Sten Brahe må beordres til at tilbagebetale ham hans udgifter. Bønskriftet har dog ikke hjulpet ham, da han i september ved herredstinget blev anklaget af fiskalen, fordi han ved ikke at rette sig efter kongens dom havde opført sig

meget groveligen og *uforskammet...*

Fiskalen krævede ham dømt til fængsel på Bremerholm og til at miste sin boslod. Herefter stod Heiden Møller frem i tinget og benægtede ved højeste ed, sjæl og salighed at have talt de formastelige ord ved dommens oplæsning i hans hus. I et senere retsmøde fremsatte han den samme benægtelse, men de vidner, der havde hørt hans ord i møllen, påstod det modsatte. På et vist tidspunkt må Heiden Møller være blevet udsat af møllen af Henrik Lindenov men har straks efter igen taget den i besiddelse, for 11.november 1664 indsendte Sten Brahe en ansøgning til kongen, hvori han forklarede, at højesteretsdommen, efter kongens befaling til Henrik Lindenov, var blevet eksekveret, men at Heiden Møller igen var vendt tilbage til møllen. Han anmodede derfor om, at der måtte gives ridefogeden Claus Rasch på Nyborg slot ordre til at sætte han ud af møllen og gøre den ryddelig, efter at herredsfogeden havde gjort udlæg for landgilden. Denne ordre blev udstedt 13. november. Samtidig var sagen efter fiskalens stævning igen kommet for herredstinget, hvor herredsfogeden vægrede sig ved at dømme og henviste den til landstinget. Hertil blev Heiden Møller på ny stævnet i april, sigtet for *erimen læsæ majestatis,* majestætsfornærmelse, efter kongens befaling til fiskalen af 7. april 1665. Dommen faldt 20. maj 1665, hvorefter Heiden Møller skulle:

straffes på Bremerholm i fængsel og jern hans livstid, andre slige til rædsel og afsky, samt have sin boslod forbrudt.

Senere dømtes han til at betale Sten Brahe 3 års landgilde. 17. juni 1665 er Heiden Møller i fængsel på Nyborg Slot, og han må derefter være ført til Bremerholm men snart igen løsladt, for 25.oktober bad Claus Rasch, der tidligere havde fået befaling til at sætte Heiden Møller ud, kongen om at tilkendegive under hvilken form udsættelsen skulle ske, så han ikke overskred sine beføjelser. 10. november skrev kongen til ham:

Eftersom Heiden Møller imod den for vores Højesteret ergangne Dom, efter at han af Bremerholm er løsgiven, sig den Mølle, som han var tildømt at ryddeliggøre og kvittere, på ny igen voldeligen skal havde sig bemægtiget, da haver du straks bemeldte Person at lade paagribe og hid til Bremerholm igen forskikke, hvor han for slig sin Halsstarrighed og Vold tilbørligen kan vorde

Hvor længe Heiden Møller denne gang har siddet på Bremerholm vides ikke, men mange år kan det ikke have været. I 1670 bor han i Lunde mølle i Lunde sogn på Nordfyn, og det fremgår af dette sogns kirkebog, at han blev begravet 3. maj 1676, angiveligt 105 år gammel. Forinden havde han endnu engang nået at lægge sig ud med kirken, idet han nægtede at give samtykke til sin datters ægteskab. Det er lidt af et mysterium hvordan mølleren fra Sallinge formåede at holde sig i live og være på fri fod det meste af tiden. At lægge sig ud med kirke, adel og kongemagt i 1600-tallet var en alvorlig sag. De meget kaotiske forhold i samtiden må rumme en del af forklaringen. Der er heller ikke tvivl om at han har været en overordentlig ressourcestærk og hensynsløs person. Man kan gisne om, at han er blevet hærdet som lejesoldat eller lignende på 30-årskrigens slagmarker – alderen og hans tyske rødder sandsynliggør det, men det har ikke kunnet eftersspores.

Hans to sønner levede heller ikke i stilhed og

ydmyghed. Den ene, Anders Heidensen, blev dømt for vold mod herredsfogeden i Lunde sogn og erklæret fredløs, da han ikke kunne udrede bøderne tilstrækkeligt hurtigt. Den anden bedrev endnu værre ting. Diderik Heidensen fra Langsted Mølle ved Verninge blev i 1677 dødsdømt in absentia for, sammen med sin moder, at have myrdet sin hustru. De havde svoret sig sammen om at forgive hustruen, angiveligt fordi sønnen havde udset sig en ny kvinde til giftermål. Det skete med rottegift i en portion hønsekødssuppe, og det fældende bevis var regningen fra et odenseansk apotek på den indkøbte rottegift. Diderik Heidensen kan imidlertid have undgået sin skæbne, for der findes ingen kilder, som omtaler dommens eksekvering.

Kort efter at Heiden Møller sidste gang forlod Sallingelunde kom den nye fæster, Rasmus Nielsen Bryde, som var i møllen fra juni 1666 til 1691. Med ham kom der roligere tider. Møllen fik sandsynligvis også større søgning, efter den var kommet under Fjellebro, for Fjellebros fæstere i landsbyerne omkring

Salingelunde blev allerede i Heiden Møllers tid anmodet om at søge til møllen. I markbogen 1682 har takseringsmændene beskrevet møllen således:

Ned Byens Mark ligger en Mølle, kaldet Sallinge Lunde Mølle. Er en Græsmølle, driver 1 Hjul, drives af underfalds Vand, stemmer 1 1/4 Alen Vand. Stenene findes 7 Spand høje. Maler fra Mikkels Dag til Valborgs Dag. Dammen står tom den ganske Sommer. Vandet haver sit Fald fra Dals Mølle. Haver ingen vis Søgning uden af adskillige næst omliggende Byens Bønder. Der avles i Dammen aarlig 1 Læs Mosehø.

Under en strid i 1688 om hvorvidt vandet, når mølleren opstemmer det i mølledammen, også går ind på andres jord, siger et vidne, at:

om Vollermisse Tider, når mølleren udlader vandet af møllen, er det den årstid, da der kun falder ringe regn, og der sjældent males, i stedet bruges dammen til græsning og høbjærgning. Thi hvis mølleren ville miste samme brug og nytte, kunne han såvel male om sommeren som om viinteren. Naar møllerdammen ligger hen som engma, græsser mølleren sine bæster og sit kvæg deri, og ingen andres kan komme der, naar han har det indgrøftet og indgærdet for sig selv, og når han opstøver vandet, er det på hans egen grund. Et vidne mener dog, at vandet også går ind på andre mænds grund i Bjerrehave og Kauldshave. Åen og det vand, der kommer fra Dals Mølle, går midt igennem møllerdammen og når mølleren ved Vollermisse Tider ikke vil male længere, har han et lidet stigbord, hvorigennem han lader vandet løbe ud under malekarmen.

Hvad møllens søgning angik

søgte Fjellebros tjenere dertil, om mølleren det beærede, og husbonden befalede dem det.

Møllen havde også nogen søgning fra andre byer. Flere af Fjellebros tjenere erklærede dog, at de kun sjældent havde været der. Efter den gamle matrikel var Sallingelunde Mølle sat til 7 tønder og 3 skæppe i hartkorn. Ved matriklen 1688 blev dens samlede hartkorn igen sat til 7 tønder og 3 skæppe.

Fra 1692 hed fæsteren Niels Rasmussen, og han boede i møllen til sin død 1730. Det er nærliggende at antage, at han har været søn af den foregående fæster Rasmus Nielsen Bryde, men det vides ikke med sikkerhed. Niels Rasmussen var gift to gange og fik i alt 17 børn. 1721 indgik Niels Rasmussen Møller og Rasmus Larsen i Sallingelunde en forening angående 4 skæppe hartkorn, som tilføjede Rasmus Larsens gård til møllen. Hvad det var for jord vides der intet nærmere om, men det må altså være gået Niels Rasmussen godt, siden han kunne lægge et så stort stykke til møllens areal.

Den 14. juli 1728 brændte møllen imidlertid fuldstændig ned, med alt hvad der var i den.

Årsagen er ikke kendt, men en senere kilde peger i retning af gløder fra tobaksrygere, der passede møllen i vogn. Den offentlige vej gik direkte gennem møllegården.

Kort efter Niels Rasmussens død i 1730 giftede enken sig med Mads Jørgensen. Anna Pedersdatter døde imidlertid allerede efter 2 års ægteskab, og Mads

Jørgensen mente at

han var en Stakkel og kunde ikke længere besidde Møllen.

Derfor overdrog han den ved en overenskomst af 8. juli 1732 til Nils Rasmussens og Anna Pederdatters søn Christen Nielsen, imod at han selv forblev i møllen som aftægtsmand og fik sit underhold der.

Christen Nielsen var gift med Sophie Amalie Larsdatter, en datter af forpagter Lars Møller på Nybøllegård. Christen Nielsen døde i 1740 og efterlod kone og 3 små børn. Ved skiftet efter ham beløb boets værdi sig til 231 rigsdaler, mens gælden var på 186 rigsdaler. Mads Jørgensen skulle nu i stedet for aftægtsophold have 50 rigsdaler.

8. marts 1741 giftede enken sig med Peder Hansen, som derefter fæstede møllen.

Fra Peter Hansens tid på møllen findes kilder til en strid om trafikken gennem møllergården. Fra gammel tid havde der været en vej bag om møllen over møllerens toft, have og bagslusen for mændene fra

Sallinge by til deres markjord på den anden side af åen. Denne vej var for over 50 år siden blevet nedlagt, imod at mændene fra Sallinge fik lov til at køre igennem møllerens gård til marken. Da nu Peder Hansen var kommet til møllen, ville han ikke længere tillade denne trafik, medmindre mændene i Sallinge gav ham 2 køers græsning. På Gelskovs fæsteres vegne blev han derfor stævnet af landsdommer von Holsten til Arreskov og Gelskov. I retten mødte gamle folk på op til 80 år frem som vidner og forklarede, hvor den nedlagte vej havde gået. Jep Pedersen i Bjerregård, 77 år gammel, kunne erindre, at

for omtrent et halvt Hundrede Aar siden gik der en Vej over Sallingelunde Møllers Have, førend ommeldte Have blev indhegnet, og gik samme Vej inde i Møllerens Toft langs med Toftegærdet paa den højre Haand, hvilket Toftegærde tilhører den Gaard Peder Nielsen nu ibor, og fra Vejen fremdeles ned over Bagslusen, hvor Vejen nu ved bagved befindes indhegnet, og var Vangeledet paa den tid imellem Aaen og Møllerens Toft, og fremdeles gik Vejen over Aaen og over en liden Høj, som ligger til Peder

Nielsens Gaard, langs med Aaen og saa ind i Sallinge Mark. Samme Vej begærede daværende Nils Rasmussen Møller af samtlige Sallinge Bymænd at maatte indhegne, og dermed tillod dem at køre ad den almindelige Møllevej igennem hans Gaard. hvorimod og derefter han indelukte før omvundne Vej.

Fra Gelskovs side forlangtes det, at der enten skulle være fri kørsel gennem møllen, eller at den gamle vej skulle udlægges igen som forsvarlig markvej, medens Fjellebros fuldmægtig gjorde gældende, at Nils Rasmussen i sin tid uden sit herskabs bemyndigelse havde truffet aftale med mændene i Sallinge, og henviste til den skade, det ville være for mølleren at:

lade opkøre sine Sten og Trillebro paa hans Regning og Bekostning, som nu ved hans ankomst til Møllen saa aldeles var fordærvet, at han ikke uden med en 200 Rigsdalers Bekostning haver erholdet det istandsat, foruden den Fare der ved saadan Nattekørsel af Tobaksrygere kunde foraarsages, hvorved den Mølle mulig en Gang er lagt i Aske.

Her findes altså også en mulig årsag til branden i 1728
- det antydes at den har været forårsaget af piperygere
i forbipasserende vogne. Mølleren gik med til at
udlægge vejen, der var indhegnet, men ikke afholde
omkostningerne ved at sætte den i stand. Tingbogen
indeholder ikke mere om sagen, så det må antages, at
man har nået et forlig, og Peter Hansen slap for trafik
af folk uden ærinde til møllen.

I Peder Hansens tid må møllen have haft god søgning.
Møllerfolkene sad i hvert fald godt i det, da Peder
Hansen døde i 1758, for ved skiftet blev boets værdi
opgjort til 722 rigsdaler, mens gælden kun beløb sig til
83 rigsdaler. En voldsom forbedring sammenholdt med
tallene fra forrige skifte i 1740.

I 1754 blev der holdt skifte efter jomfru Sophie Farsøe,
som havde logeret et par dage i møllen. Peder Hansen
berettede, at hun kom kørende fra Assens ad
Svendborg, men måtte blive i møllen på grund af
tiltagende svaghed. Hun døde 5. maj og blev begravet i
Hillerslev kirke. Endelig ved vi, at hendes morbror var
byfoged Mørdrup Jøgensen i Svendborg. Efter Peder

Hansens død blev enken i 1759 gift med Lorentz Frederik Rudolph. De havde møllen til 1766. Senere kom de til Brobyværk.

I 1761 lod rentekammeret gennem amtmændene indhente oplysninger om landets møller i anledning af et forslag om, at hver mølle på landet skulle tildeles visse møllegæster, for at dens søgning kunne stå i et rimeligt forhold til dens mølleskyld.

Den enkelte mølle skulle altså sikres en vis omsætning ved, at man simpelthen pålagde fæstere. at male deres korn netop der.

Forslaget blev dog opgivet af flere grunde. Men forinden nåede man i hele landet at gøre status over de fleste møllers produktion og økonomi. Hvad Lunde Mølle angik skrev herredsfogeden i sin indberetning, at den, ligesom Gelskovs mølle, var i stand til at male både vinter og sommer. Sådanne møller forventedes at kunne skaffe sig rigelig indtjening ved den almindelig trafik fra sognet, og alt tyder da også på, at møllens økonomi i 1700-tallet har været god og stabil.

SELVEJE, FRA 1766

I 1766 skete der den store forandring med møllen, at den fra at være fæste under Fjellebro gik over til at blive selveje. Den nye ejer hed Lars Michael Zeutken. Skødet er dateret 5. april 1766, og heri siges det, at møllen var beboet af fæsteren Lorentz Rudolph. Lars Zeutken synes ikke at have egnet sig særlig godt til at være møller, og omsider afhændede han møllen ved skøde af 16. april 1781 til Henning Christensen, møllersvend i Langs mølle ved Fåborg, for en pris af 1400 rigsdaler. Henning Christensen overtog møllen 1. maj. Zeutken søgte derefter stillingen som skolelærer i Krarup, og i en skrivelse af 15. maj 1781 anbefalede provst Bachmann ham til grev Reventlow på Brahe-Trolleborg og skrev, at Zeutken og familie søgte bort,

da de nu ej længere har kunnet besidde Møllen, for ikke at komme i alt for yderligere omstændigheder og sætte til det lidet, de endnu kunde have tilbage, og bemeldte Zeutken ønskede sig en Skole for at undervise Børn i deres Christendom, hvortil han tilforn havde været vant, da han i 3 Aar holdt skole i Skydebjerg Sogn ligesom han fra Ungdommen af er holdt til Bogen, da han var kommen saa vidt, at han skulde have været til Akademiet, og han til den Ende agter at gøre søgning om Kragerups vacante Skole- Embede, saa vil jeg af Hjertet ønske, at...

Zeutken fik imidlertid ikke det lærerembede han ønskede sig, men siden træffes han med familie i Krarup, hvor han må have udført heglearbejde på Brahe-Trolleborg, eftersom han i 1795 ved skiftet efter lederen af manufakturet Ivar Thorning krævede betaling for udført heglearbejde.

I foråret 1782 blev møllens nye ejer, Henning Christensen, stævnet af Arreskov for at have fældet nogle unge træer i Bjerrehave i Sallingelunde og brugt dem som pæle i mølledæmningen. Desuden skulle han have hentet sig et læs gærdsel samme sted.

Der var i Bjerrehaven lige uden for møllerens toft en ungskov på hellen afhugget nogle risege og bøge om vinteren, hvilket de tilbageblevne stubbe vidnede om. Der var omkring 18 bøgestubbe og et lignende antal bøgepæle fandtes, nedrammet i den mølledæmning, som Henning Christensen havde opført det foregående efterår. Skytterne på Arreskov og Brobygård havde undersøgt det men kunne ikke bevidne, at pælene stammede fra stubbene. Hvad gærdslen angik blev det ikke benægtet, at Henning Christensen havde hentet den, men det blev hævdet, at han havde betalt mændene i Sallinge by for den.

I betragtning af at alle disse vidner var sagsøgerens skytter og bønder, og at det ikke med sikkerhed kunne konstateres at pælene stammede for Bjerrehaven, blev mølleren frikendt hvad angår de fældede træer, men han måtte bøde 3 rigsdaler for gærdslen, da han ikke havde ret til at handle med bønderne uden deres herskabs vidende.

Henning Christensen ejede kun møllen i kort tid. Han døde allerede som 31-årig og blev begravet på Hillerslev kirkegård 14. februar 1782. Skiftet blev først påbegyndt 20. marts 1783 men kunne ikke straks afsluttes, da greve Schaffalitzky de Muckadell forlangte dets afslutning udsat på grund af en sag, han havde anlagt mod den afdøde. Det ville enken ikke gå med til. At sidde som enke med uafklaret økonomi var en alvorlig sag. Hun fremhævede overfor skifteretten, at hun ville lide store tab hvis skiftet ikke kunne afsluttes, før der var faldet dom i sagen.

da hun umulig kunne komme ud af som Enke længe at hensidde ved Møllen, og hun let kunne gøre et godt Parti, naar skiftet først var sluttet, da adskillige gode Tilbud hende allerede er gjort, men ingen turde entrere med hende, forinden de ser Ende på Skiftet og denne Sag.

Enken fik sin vilje. Skiftet blev sluttet 17. juni 1783, hvor enken fremlagde landstingets dom, som stadfæstede herredstingsdommen. Det blev angivet for skifteretten, at enken var forlovet med møllersvend Hans Corfitzen. Den kirkelige trolovelse fandt sted 1. juli, og derefter blev parret viet 8. august 1783. Møllens bygninger bestod ifølge skiftet af en stuehuslænge på 13 fag af mur og bindingsværk samt kværnhuset med tilbehør. Et bryggerhus med bindingsværk på 3 fag, et ovnskur på 3 fag, en ladehuslænge af bindingsværk og en ditto længe med port på 9 fag, en læhuslænge på 8 fag og endelig et portskjul på 3 fag, alle bygninger med stråtag.

Ved købskontrakt af 25. marts 1784 overdrog Hans Corfitzen møllen til Ole Pedersen, snedker på Frederikslund ved Assens. Købesummen var 2500 rigsdaler, og overtagelsen fandt sted 1. maj, men skødet blev først udstedt 17. december 1784. For at kunne udrede købesummen måtte Ole Pedersen låne 1500 rigsdaler af en Peder
Hansen i Grubbe mølle i Svanninge sogn. Obligationen på det lån blev udstedt 18. december 1784, og først i 1801 var lånet helt indfriet. I juli 1784 indgik Ole Pedersen en overenskomst med gårdmændene i Sallinge og Sallingelunde, hvorved han, ligesom Henning Christensen, fik tilladelse til

at den igennem Møllemosen og Møllens Omløb til Mads Rasmussens Bro ved Sallingelunde paa Sallinge Bys Grund kastede Grøft eller Aa til omløb for Møllerens Bagved, som han ellers havde Hinder af, maa forblive fremdeles, som den er, og af Mølleren besørges renset, naar fornøden gøres, hvorimod Mølleren for denne Grøft eller Aa giver i Vederlag til Sallinge Bys Gaardbeboere et Mølleren tilsvarende Engmaal i møllemose og et Maal lige for Enden af samme Engmaal i Holmene eller Marken med derpå værende Buskads.

Mølleren forpligter for sig og efterkommende Ejere af Møllen at holde Dæmningen over Aaen ved Bagslusen til kørevej for Sallinge og Sallingelunde Beboere tilligemed Broen over Bagslusen bestandig at holde vedlige og i forsvarlig Stand saaledes, at de derover kan have deres Kørsel og Fart, og tillige at være Sallinge og Sallingelunde beboere tilladt og uforment at have deres kørsel og fri fart igennem Møllen For- og Efteraar med Vogne og Kreaturer.

Skulde denne Kørsel og Fart igennem Møllen blive dem forment og Vejen over Dæmningen samt Broen over Bagslusen ej blev holdt forsvarlig vedlig, skal de uden videre omstændigheder have Frihed til at fylde sig en kørevej over den for Møllerens Bagved grøftede Aa.

Samme år kom mølleren ud af fællesskabet med

Sallinge By. Hele Sallinge By og Sallingelunde, med undtagelse af møllen, hørte på det tidspunkt under Gelskov. Møllens agerland lå spredt på Sallinge Bakker med stykker i Hovemarken, Gellerodsmarken, Basmarken, Nørremarken og Skregeskov, ialt 3 tønder og 4 skæppe. Disse jordstykker afgav mølleren nu til Sallinge By, og som vederlag fik han

en strækning i Sallinge Bys Skregeskovsmark straks norden for Sallingelunde Mølle fra Møllerens Tofte ved østre Ende og til Gærdet for Sallinge Nørremark ved vestre Ende, samt Hans Christensens Toftegærde i Sallingelunde på Søndre Side og en Skovbanke på nordre Side.

Ole Pedersen var i 1784 blevet gift med Mette Voldborg Jørgensdatter fra Espe. Han døde ved nytårstid 1793, kun 42 år gammel, og samme år giftede enken sig på ny med Jens Rasmussen fra Harrendrup. Hun døde imidlertid allerede i 1797 i en alder af 37 år.

Der var fortsat velstand og opgangstider. Ved skiftet

efter Ole Pedersen beløb boets samlede værdi sig til 2579 rigsdaler, hvoraf møllen med tilliggende hartkorn 1 tønde, 3 1/2 skæppe og mølleskyld 3 tønder udgjorde de 2300 rigsdaler. Med Jens Rasmussen var der kommet en dygtig og energisk mand til møllen. Efter sin første hustrus død giftede han sig med Benedicte Jørgensdatter, født i Fjeldsted 1779, og fra disse to nedstammede den møllerslægt, der ejede Sallingelunde mølle helt frem til 1939. I 1795 var Jens Rasmussen igennem en retssag med grev Schaffalitzky de Muckadell på Arreskov. Greven havde forlangt, at grevskabets bønder i Sallinge og Sallingelunde skulle lade deres korn male i Gelskovs mølle. Jens Rasmussen anlagde sag, da han mente sig skadet i sin næring. Han fik bevilliget fri proces, og af amtmanden fik han en prokurator beskikket som sagfører. Greven havde, udfra den opfattelse at lovens ord, om at kronens bønder skulle lade male på kronens møller, gjaldt alle møller, givet sine bønder tilhold om at lade male i Gelskovs mølle. De havde ikke direkte fået forbud mod at lade male i Sallingelunde, men hvis de ikke rettede sig efter grevens anmodning, ville de miste den udvisning de tidligere havde nydt. Mølleren tilbød at lade sagen falde, hvis greven skriftligt ville tilkendegive bønderne, at de kunne male i Sallingelunde uden repressalier. Dette nægtede de Muckadell. Dommen gik dog greven imod. Den slog fast, at bønderne kunne lade deres korn male, hvor de ønskede det.

I 1798 blev Jens Rasmussen uenig med sin nabo, gårdmand Mads Rasmussen i Sallingelunde. Jens Rasmussen indgav en klage til amtmanden over, at Mads Rasmussen havde afkrævet erstatning for nogle ellebuske og piletræer, som han skulle have fældet ved slusehullet, og at den møllevej, som gik gennem Mads Rasmussens jord, kun var 3 alen, mens den efter attest fra en inspektør Faber, der havde udskiftet jorderne, skulle være 7 alen. Mølleren beskyldte også sin nabo for, at han

sætter rækker og stænger, for at de skal følge et spor, og pløjer og sår det, som er lagt til Vej, og dertil skælder og bander Folk, som kører der, så de er kede af at høre derpå.

Der faldt ingen dom i sagen, så parterne er vel kommet overens. I indberetning til matriklen 1805 angives møllens hartkorn af ager og eng til 1 tønde og 3 skæppe samt mølleskyld på 3 tønder. Møllens jord var nu stort set samlet på et sted. Agerjorden udgjorde knapt 4 tønder land, og engbunden 10 tønder, når mølledam og afløb blev medregnet. Driften var 3 års brug og 3 års hvile.

I 1793 var møllen, med henblik på en brandforsikring, blevet vurderet til 800 rigsdaler. Brandforsikringen er en glimrende kilde til belysning af møllebygningernes indretning. Stuehuset lå øst-vest, var på 16 fag og 10 alen bredt, i en etage med to skorstene og var af bindingsværk med klinede vægge. Inde i huset var der jernvindovn med stedtud og en indmuret kedel på 5 fjerdinger. Mølleværket i øst-vest var af egebindingsværk med stråtag og klinede vægge. Det var på 5 fag, 10 alen bredt, med 3 kværne og 2 vandhjul. Det synes ikke at have været sammenbygget med stuehuset. I syd lå en længe til lo og lade på 20 fag og i nord et mindre stuehus på 2 fag.

Inden nytår 1803 skete en del forandringer. Stuehuset og mølleværket lå i vest og var af forskellig bredde. Den sydlige del af mølleværket og en del af det tilgrænsende stuehus med møllesten og kammer havde en længde af 16 1/2 alen og en bredde af 10 alen. Dertil kom en storstue, 7 alen lang og 8 5/12 alen bred. Endelig var der to udbygninger og to særskilte bygninger. Inden 1807 var det yderligere foretaget en del forbedringer og forandringer. I 1832 blev der foretaget taksation over en ny hollandsk vindmølle, som antagelig er blevet opført samme år. Denne mølle havde et kampestensfundament med et tværsnit på 13 alen. Selve vindmøllen havde 3 etager og var af svært bindingsværk med jernsammenbinding. Alt i alt blev denne vindmølle vurderet til 3000 rigsdaler.

Efter Jens Rasmussens død i 1831 drev enken mølleriet videre med hjælp fra sine sønner. De tidligere bygninger er blevet stående næsten uforandret, men efter en taksation i 1840 er der syd for møllehuset rejst endnu et hus og syd for møllestalden en svinesti. 30.oktober 1846 udstedte Benedicte Jørgensdatter

skøde på møllen til sin søn Lars Jørgen Jensen.
Købesum var 6000 rigsdaler. Hartkorn var 1 tønde og 3
skæppe og mølleskyld 3 tønder.

I 1852 opførtes et nyt toetages møllehus på 6 fag, 15
alen langt, 12 1/2 alen dybt og 7 3/4 alen højt. Det
havde 4 kværne og en grubbekværn. Det gamle
stuehus var også blevet for trangt for de nye ejere.I
1853 blev det revet ned og et nyt rejst på dets plads.
Det er det samme som står den dag i dag og det
beskrives således: Stuehuset i vest var på 11 fag, 13
alen dybt, 28 1/2 alen langt og 4 alen højt. Forsiden og
nordre gavl var af grundmur, 1 1/2 stens mur muret i
kalk. Bagsiden var af egebindingsværk. Der var murede
vægge i kalk og kampestensgrund. En grundmuret
kvist på forsiden, stråtag, det indvendige tømmer af fyr,
fyrretømmer, 2 skorstene. Alt indrettet til beboelse med
loft, vinduer og døre. Fra nord således: 4 fag sal og
tvende gæstekamre, fjællegulv, 3 fag dagligstue og
sovekammer, samme gulv. 4 fag forstue, køkken,
stengulv, folkestue, spisekammer, fjællegulv, kælder
under 2 fag, alt efter højeste overslag vurderet til 140
rigsdaler pr. fag, ialt 1540 rigsdaler repræsentativer,

det samme i sølv. Desuden blev der bygget et bryggerhus i vest, 11 alen dybt, 5 fag, 12 3/4 langt, 3 1/2 alen højt. Der var undertømmer af eg, overtømmer af fyr, murede

vægge, stråtag og 1 skorsten. Det blev vurderet til 60 rigsdaler pr. fag, ialt 300 rigsdaler repræsentativer, det samme i sølv.

Lars Jørgen Jensen døde i 1889, hans enke Ann Larsdatter i 1903. Deres søn Anders Ivar Larsen, som havde overtaget møllen, døde i 1939.

Samme år blev møllen solgt til Johannes Rasmussen. Ved overtagelsen var mølleværket nogenlunde intakt, der måtte dog bygges et nyt møllehjul. Møllen var funktionsdygtig frem til begyndelsen af 1950'erne, hvor den tekniske udvikling i landbruget også gjorde denne mølle overflødig. Værket og møllehjulet blev demonteret umiddelbart efter lukningen. Som følge af vejomlægning engang i første halvdel af 1960'erne, den oprindelige kommunevej havde nemlig altid gået direkte igennem møllegarden, blev tilladelsen til vandopstemning inddraget. Det er således ikke muligt at genetablere en egentlig vandmølledrift igen.

Møllen var i slægtens eje frem til januar 1994, hvor Johannes Rasmussens datter, enkefru Ellen Hannibal solgte møllen til Birthe og Jørn Christensen.

Ved skrivelse fra Skov- og Naturstyrelsen af 17. oktober 1995 blev stuehus og møllehus meddelt fredet. Der er i årene 1995-97 foretaget følgende investeringer og restaureringsarbejder: Installering af fyringskedel til fastbrændsel, tækning af hele taget på stuehus og møllehus, reparation af bindingsværket på møllehusets østgavl, dvs. indlægning af ny fodrem, opstolpning af stolper, skråbånd, dokker m.v. samt ny rem mellem 1. og 2. stokværk, derudover nye porte og reparation af vinduer. Desuden er stuehusets facade, nordgavl og vestside restaureret tilbage til sit oprindelige udseende, bl.a. er stuehusets to skorstene genopbygget. Gårdspladsen er frilagt, således at den gamle oprindelige brolægning er kommet frem, hvilket også er medtaget i fredningen. I 1998 blev møllen præmieret med Foreningen for Bygnings- og Landskabskultur på Midtfyns pris for restaurerings~ og genopbygningsarbejde. I 2002 blev møllen igen solgt, og der blev, stadig med hensyntagen til møllens oprindelige indretning, foretaget omfattende indendørs restaureringsarbejder.

LITTERATUROVERSIGT

Bjørn, Claus m.fl: Det danske landbrugs historie II., Kbh. 1995

Fussing, Hans: Herremand og Fæstebonde, Studier i dansk Landbrugshistorie omkr. 1600, Kbh. 1942.

Lund, Frode: Fynske Vandmøller, eget forlag 1973.

Pilegaard, Jens: Hillerslev (Sallinge Herred). En ikke-udgivet, håndskrevet beretning, ca. 1940